AF176582

Von der Verschwendung

Essay

Hubert Koths

2022

An Kinder & Enkel.

Next Generation.

Vorweg

Während ich diese Gedanken nieder-
schreibe, zieht die vierte Corona-Welle über
die Länder der Erde und so verdrängt Covid,
aktuell im Gewand von „Omikron", nun
schon seit zwei Jahren das bis dahin domi-
nierende Top-Thema Klimaschutz. Auch andere bewegende Themen wie Digitalisierung, Pflege und Gesundheit, Sicherheit der
Rente oder Zuwanderung verschwinden
mehr und mehr aus dem Blickwinkel der Öf-
fentlichkeit. Selbst die drohende Geldent-
wertung und sogar die aufziehende Kriegs-
gefahr rund den Ukraine-Konflikt bleiben im
Nebel der Corona-Wand fast unsichtbar.
Corona bleibt das vorherrschende Thema
der Nachrichten, der Polit- und Talkshows
aber auch des täglichen Lebens. Immerzu
und überall kommt es den Berufstätigen
entgegen, den Einkaufenden, den Erholung
suchenden, den Kranken, den Alten in den
Heimen, den Studenten, den Schulkindern,
selbst den Kleinsten in Kitas und Kindergär-
ten. Mit wechselnden Bühnenbildern wie
2G, 3-G 2G+, Maskenpflicht, Booster-Aktio-
nen und Impfgegnerdemonstrationen sowie wechselnder politischer Starbesetzung
wird ein Corona-Daueralarm aufgeführt.

Derweil geht die Verwüstung der Erde munter weiter. Große Konzerne, aber auch mittelständische Hidden Champions melden Umsatzzuwächse und Rekordgewinne und wissen nicht wohin mit dem Geld. Selten kaufen sie davon schwächelnde Wettbewerber und peppen diese wieder auf. Manchmal optimieren Sie davon die Nachhaltigkeit ihrer eigenen Betriebe oder geben Wagniskapital heraus. Das alles ist lobenswert. Meistens jedoch kaufen sie davon Aktien prosperierender Unternehmen oder besser noch die raren Wohn-Immobilien und die noch rareren wertvollen Böden des Landes.

So könnte man die Lage im Lande beschreiben.

Und man selbst als alternder Akteur inmitten dieser großen Krisen- und Selbstoptimierungssuppe zieht die Wanderschuhe an, nimmt den Hund an die Leine und wandert mit Novellen von Jean-Paul Richter im Gepäck durch die Heimat und lässt die Gedanken kreisen um Dinge, die einen früher, auf dem Höhepunkt der Produktivität als wertschöpfender Teil des Systems „Wir steigern das Bruttosozialprodukt", überhaupt nichts angingen. Weil man zuvor eben lange verpflichtet und beschäftigt war mit der Bildung, die der Staat verordnet hatte. Mit der Karriere. Mit der Gründung der Familie. Mit dem Auseinanderfallen derselben. Mit dem eigenen Ego. Mit der Frage, wann der Porsche in der Designerhausgarage steht. Wann man wer ist. Mit den An- und Herausforderungen, die eine säkular-kapitalistische Gesellschaft an einen so genannten Leistungsträger stellt. Mit vielen Dingen, die mit Mensch-SEIN im engeren Sinne zuweilen wenig zu tun haben, sondern die gesteuert waren durch das Alter Ego des homo oeconomicus.

Man bleibt so lange unpolitisch und im Ungefähren wie möglich. Wie man so schön sagt. Und lebte die Tage. Im eigenen Kokon. In der eigenen Blase. Bis die Zerstörung der kultivierten deutschen „Natur"-Landschaft vor der eigenen Haustür stattfinden soll. Irgendwann erwacht so wahrscheinlich jeder einmal.

Man macht sich also Gedanken mit dem Alter. Irgendwann werden sie sortiert. Ein Versuch, über den Tellerrand zu schauen verbunden mit der Frage im Hintergrund,

ob man sein Leben verschwendet hat.
Oder was sonst so verschwendet wurde.

So entstehen schließlich einige Gedanken, die abseits der maximalen Medien-
präsenz von Corona und Covid vielleicht
viel mehr Aufmerksamkeit verdient hätten.

> *Später im Leben bemerkte Jean Paul: "Die*
> *Worte, die ein Vater zu Hause zu seinen Kin-*
> *dern spricht, werden von der Welt nicht ge-*
> *hört, aber wie in* **Flüstergalerien** *werden sie*
> *am Ende und von ihnen deutlich gehört*
> *Nachwelt."*

(I)   Die Verschwendung des Erdbodens

Angesichts der nicht zu leugnenden Tatsache, dass unsere gesamte „westliche" Welt, Deutschland ganz vorne mit dabei, inzwischen aber auch China, Indien und verschiedene Länder des Nahen Ostens inbegriffen, nur durch die nachhaltige Ausbeutung des Erdbodens so wohlhabend werden konnten, kann man kaum umhin, den Schluss zu ziehen, dass ein großer Teil des Wohlstands in diesen Ländern – also der Lebensstandard der G8/G21 – durch eine ständige und anhaltende Zerstörung der natürlichen Bodendecke aller Kontinente erkauft wurde. Hätte sich die Landwirtschaft von einer sehr intensiven Bewirtschaftung des Bodens in allen Lagen, besonders auch an den Hängen, ferngehalten, vor allem auch von der Abholzung tropischer Wälder und der Anpflanzung der Mais- und Soja-Monokulturen abgesehen, wo der Pflug nun zu starker Erosion, Artensterben und fehlender Bindung von CO_2 durch ehemals stehenden Wald mitsamt seinem Kohlenstoff speichernden Boden führte, hätten wir weltweit freilich viel weniger Ackerland für die Ernährung der Menschheit zur Verfügung gehabt. Die hohen Ertragsmengen an Weizen, Mais, Reis, Soja und anderen Feldfrüchten ergaben sich also nur durch eine ausufernde Ausnutzung und Raubbau an den natürlichen Ressourcen, die Mutter Erde uns bietet.

Hätten wir in unserem eigenen Heimatland, Deutschland, darauf verzichtet, seit Jahren die landwirtschaftlichen Flächen in Industriegebiete, in Konsummeilen und in Gebiete individuell luxuriösen Wohnens zu verwandeln hätten wir selbst freilich auch mehr Ackerland verfügbar, welches wir nicht in fremden Ländern „ausleihen" müssten.

Die fortschreitende Abholzung der Regenwälder in Südamerika und Ostasien ist nun wahrscheinlich die allerletzte Probe aufs Exempel.

Möglicherweise ist zur Errettung des Erdballs so auch gar nicht allein der Ausstoß an CO_2 das Problem, sondern die fehlende lebendige Biomasse, die CO_2 bindet und regeneriert?

> *„Zwischen 1990 und 2010 ist die Waldfläche um 135 Millionen Hektar oder 3,2% zurückgegangen, dies entspricht etwa der vierfachen Landesfläche Deutschlands"*[1]*. Weiterhin ist* **die weltweite Waldfläche seit 2010 um 4,7 Mio. ha geschrumpft.**

---

[1] WWF Zustandsbericht Wald 2011

Zwischen 1990 und 2020 in Summe um 178 Mio. ha.[2]

Das entspricht den Flächen der Länder Deutschland, Frankreich, Italien und Spanien.

Erwägt man nun auf langfristiger Basis, dass die Weltbevölkerung nach einem rasanten Wachstum in den letzten 50 Jahren noch immer weiter zunehmen muss, wenn sie nicht abnehmen soll, damit wir die gewohnte Expansionsökonomie und den Siegeszug des Kapitalismus und des konsumierenden Sozialismus fortsetzen können, dann verkehrt sich die Expansion in Wahrheit am Ende in eine für die allermeisten unerträgliche Beschränkungsökonomie, denn sie entwickelt sich nur auf Kosten unersetzbarer Kapitalgüter wie Boden, Mineralien und weiter nur theoretisch erneuerungsfähiger Hilfsquellen wie Wasser, Wald, Weideland, Wildbestand, weiterer Arten und fossile Energieträger. Denn diese erneuerungsfähigen Hilfsmittel sind nur dann erneuerungsfähig, wenn sie auf der Basis gehandhabt werden, dass man den Ertrag in die Erneuerung steckt und die Ernte auf die

---

[2] FAO-Waldbericht 2020

Ersatzkapazität beschränkt. Spätestens seit dem Mittelalter leben alle zivilisierten Gesellschaften, voran die des sogenannten „Westens" von den Hilfsquellen unserer Erde. Wir haben dieses wertvolle Kapital inzwischen verbraucht, um eine teure Luxusinfrastruktur zu bezahlen (z.B. unnötig sorgfältig durchorganisierte Straßensysteme, Parkplätze, Häfen, Flughäfen), um eine globale industrielle Organisation zu schaffen, die dermaßen kopflastig ist, dass sie ständig beschnitten werden muss, damit sie sich nicht überschlägt und sich dabei das Genick bricht. Und um einen künstlich aufgeblasenen Lebensstandard aufrecht zu halten, der mit virtuellem, auf Papier gedrucktem Geld zusammengeleimt ist. Wir haben eine Verschwender-Konsum-Psychologie kultiviert, die unsere einfachen Vorfahren abgeschreckt hätte und von Völkern anderer Weltenteile, auch anderer Religionen als völliger Wahnsinn, als verbrecherisch angesehen werden könnte. Selbst unsere eigene Vorkriegsgeneration würde sich über den verwahrlosten Verschwendungsmodus unserer Gesellschaft zumindest sehr wundern. Inzwischen sind sogar die Babyboomer verunsichert, ob ihr Leben den nachfolgenden Generationen nützlich war.

Die christlichen Kirchen, ihre hohen Würdenträger im Gleichschritt voran marschierend, wundern sich allerdings nicht. Sie erstarren immer noch in ihrem Prunk. Obgleich Papst Franziskus mit seiner Weihnachtsansprache 2021 Bescheidenheit der Weltenbürger fordert.

Unsere Vorräte an fossilen Brennstoffen aber auch an seltenen Erden sind beschränkt, dass es immer vorstellbarer wird, dass darüber Kriege ausbrechen könnten. Auch deshalb sind erneuerbare Energien ein so wunderbares Thema. Aufmerksame Beobachter können aber auch feststellen, dass es immer noch millionenfach tropfende Wasserhähne gibt, die kostbares Wasser verschwenden und hunderte Millionen Tonnen Mikroplastik, die das Meerwasser und seine Bewohner vergiften. Beständig und mit zunehmender Penetranz werden wir Menschen allerdings ermahnt sparsam mit den Wasservorräten umzugehen, Müll zu vermeiden, vegane Ernährung zu bevorzugen. Manager des Nahrungsmittelkonzerns Nestle sprachen bereits davon, dass Wasser kein Menschenrecht sei! Elektrogeräte oder Autos ersetzen wir ohne Rücksicht darauf, ob sie uns noch bequem und sicher von A nach B bringen, sondern deshalb, weil sie nicht mehr dem Zeitgeist entsprechen.

Hunderttausende unnötig beleuchteter Hauptstadtboulevards, Milliarden unnötiger Klicks in die Serveranstalten von Google und Co., milliardenfacher Transfer der immer gleichen Bilder von Selfie-Points verbrauchen Jahr ein, Jahr aus immer weiter steigende, enorme Mengen Energie. Auch aus hunderten Millionen Tonnen Kohle, Gas und Öl sowie tausende Tonnen Uran. Neuerdings eben auch und immer mehr aus Windkraft und von Solarfeldern.

Die sinnloseste Verschwendung treiben wir allerdings - besonders das deutsche Mobilitätsvolk - mit Treibstoffen aller Art, Benzin, Diesel, Kerosin. Und demnächst auch hier aus Strom aus den sogenannten erneuerbaren Energien. Wir exportieren und importieren Milliarden Tonnen an Gütern von einer Ecke des Globus auf die andere. Chauffeure aller Art lassen unentwegt Motoren aller Art auch im Stand laufen. Unsere Nervosität findet ein Ventil im Motorsport und vor allem im ständigen Reisen. Im andauernden nervösen hin und her. Geschäftlich wie privat. Oder in der Konsumation verkaufsoffener Sonntage, zu denen aus aller Welt alle vorstellbaren Waren vorgehalten werden müssen.

Wir bauten jahrzehntelang unnötig hohen Kraftstoffverbrauch in unsere immer schweren und größer werdenden Fahrzeuge, nur um damit beständig im Stau zu stehen oder unsere seltenen kleinen Lieblinge sicher zum Kindergarten zu chauffieren. Demnächst fühlt sich das viel besser an: denn wir machen das elektrisch. Allerdings wird es die gleiche Menge an Energie benötigen. Weil es sich aber nun besser anfühlt, werden wir es befreit vom schlechten CO_2-Gewissen genießen und wollen mehr davon. Wir nutzen dann Presse, Radio, Rundfunk und digitale Medien, um noch mehr dieser wundervollen elektrischen Fahrzeuge in die weite Welt zu verkaufen. Wir fahren damit jährlich allein in Deutschland Milliarden Kilometer nutzlosen Zielen nach. Inzwischen dreimal so viel wie noch im Jahr 1970. Das nächste Einkaufscenter am verkaufsoffenen Sonntag, die achtundvierzigste Stadtbesichtigung, dass Shopping Weekend in New York, der Familienbesuch in Wien, Barcelona, Edinburgh oder das

Freibadwochenende in Mallorca. Und in Chile führt die Nachfrage nach dem Lithium für die Batterien zu Konflikten. In den Dörfern der Atacama-Wüste in Chile wird das Wasser für Menschen und Felder immer knapper.

Übrigens: Allein der weltweite Ölverbrauch hat sich in den Jahren 1970 bis 2019 ebenso wie die Weltbevölkerung verdoppelt. Der Erdgasverbrauch stieg im gleichen Zeitraum sogar um das 4-fache. Zwar ging 2020 die Energienachfrage gegenüber 2019 insgesamt, wohl bedingt durch die Corona-Pandemie, ein wenig zurück. Dennoch ist zu konstatieren, dass der Energieverbrauch der Menschheit überproportional zu ihrem eigenen Wachstum, also pro Kopf, nachhaltig steigt.

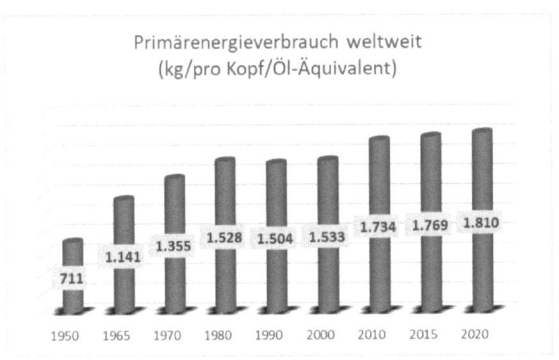

Primärenergieverbrauch weltweit (kg/pro Kopf/Öl-Äquivalent)

Da die Erschöpfung der fossilen Energieträger wohl irgendwann scheinbar vor uns lag, schickten wir schon seit Jahrzehnten unsere Verbündeten vor, diese Restquellen auch in unwirtlichen Regionen wie zum Beispiel in Afghanistan zu sichern und zeigten den Russen, den Chinesen und den Iranern so lange die Zähne, bis wir das Fracking erfunden hatten. Wir fahren aber fort und verschwenden das russische Gas, die australische und die chinesische Kohle, das arabische Öl. Unsere eigenen Kohle-Lagerstätten haben wir aus Kosten- und vorgeschobenen Umweltgründen schon lange geschlossen. Die geschundene Erdkruste des Ruhrgebiets halten wir mit gigantischen Wasserpumpensystemen trocken. Dafür brechen wir nun die Erde an anderen Stellen mit der modernen Methode des Frackings auf und nehmen dafür sogar Erdbeben in Kauf.

In Wahrheit ist also ein großer Teil unseres Hilfsquellenkapitals längst aufgebraucht. Und die Angst vor den Folgen des ebenfalls zu importierenden Hilfsquellenstoffes Uran ist übermächtig geworden. Weshalb nun eine sogenannte Energiewende ausgerufen wurde, die vor allem von und zulasten des deutschen Bodens ausgehen wird. Trotzdem bestellen wir immer noch immer mehr - nun elektrische - SUVs, jetten schon wieder bei niedrigsten Preisen durch die Welt als würden wir weiss Gott etwas verpassen. Viele scheinen sich danach zu sehnen, dass Mister Branson, Mister Musk oder Mister Bezos für uns die entfernten Galaxien erobert und dort neue Lebensräume schafft. Derweil führen wir eine Unzahl an Prozessen von Nachbar zu Nachbar wegen herüberhängender Äste, wegen des Bruchs des Eheversprechens oder wegen der moralisch begründeten Steuerhinterziehung.

Die gesamte industrielle Struktur unserer alten westlichen Welt ist in gleichem Stil aufgebaut und bleibt unersättlich. Der Pandemie der Jahre 2020/21 zum Trotz. Und es soll so bleiben wie Aktienrallys dieser Tage zeigen.

Viele unserer Lieferländer - darunter Afrika, Australien, Arabien, beide Amerikas und Russland - liefern Gas und Öl, von dem die Lagerfeuer der deutschen und europäischen Bevölkerung weiterhin brennen. Aus diesen Ländern kommen auch Rohmaterialien und Nahrungsmittel; Weizen, Mais, Tabak, Baumwolle, Holz, Öl, Mineralien und Unmengen anderer Dinge, die unter anderen unsere nächste ökonomische Revolution - die Digitalisierung - speist.

Europa kauft die Produkte, um daraus veredelte Konsumgüter oder Industrieprodukte zu machen. Das Gleichgewicht des Handels ist angegriffen. Eine gewisse Madame Christine Madeleine Odette Lagarde, geschäftsführende Direktorin des Internationalen Währungsfonds (IWF) hat das vor einiger Zeit aufgegriffen und den Exportweltmeister Deutschland kritisiert. Regierungen, Wirtschaftler und Millionen von Durchschnittsbürgern sind aber sehr zufrieden mit der besten aller Welten und sammeln sich bislang weiter unter dem Banner der großen Koalition, die demnächst ein wenig grüner angestrichen werden soll. Sie teilen mit den Pionieren der industriellen Revolution weiterhin die Illusion der unbegrenzten Hilfsquellen. Sie verstehen - auch unter den Vertretern sogenannter Grüner Politik - noch immer nicht, dass sie mit jedem Stück Textil, mit jedem argentinischen Rib-Eye-Steak, mit jedem Mango, mit jeden Pfund Reis aber auch mit jedem Hektar Mais zur

Energiegewinnung und mit jedem neuen Windrad und jeder zu Solarfeldern umgebauten Energiequelle ihren eigenen Boden (ver-)kaufen.

Womit man zwangsläufig auch zur Verschwendung von Lebensmitteln kommen muss: Wir produzieren schon heute Lebensmittel für mehr Menschen als auf dem Erdball leben. Denn weit mehr als 1 Mrd. Tonnen gehen entlang der globalen Wertschöpfungskette bis einschließlich dem Verbraucher verloren. Die Ursachen mögen in den vielen verschiedenen Regionen der Welt unterschiedlich sein, traurige Gemeinsamkeit ist jedoch, dass die Verluste an Lebensmitteln weltweit zwischen 30 bis 40% liegen. Pro Kopf wären dies umgerechnet 180 bis 190 kg pro Jahr oder 0,5 kg pro Tag! Es wird also schlicht nicht nur Nahrung verschwendet, sondern mit jedem verschwendeten Kilogramm Nahrungsmittel wird auch unnötig Boden ausgebeutet und CO_2 produziert. Die Ursachen sind vielfältig. Schwache Infrastrukturen in Entwicklungsländern, aber häufig auch, weil aus mangelnder Wertschätzung manche Lebensmittel nicht den gewünschten Normen Größen oder einer gewissen Ästhetik entsprechen und vernichtet werden. All diese „verlorenen" Lebensmittel wurden angebaut, geerntet, transportiert, weiterverarbeitet, gekühlt, evtl. schon zubereitet - um dann vielleicht als zu groß portionierte Beilage in den Müll zu wandern. Zukünftige Generationen werden sich diese Art von Ressourcenverschwendung nicht mehr leisten können. Wenn die Weltbevölkerung weiterwachsen soll, stellt sich die Frage wie sie vor diesem Hintergrund eigentlich ernährt werden soll?

Demnächst - so sieht es der Koalitionsvertrag der grün angestrichenen liberal-sozialistischen Regierung der Bundesrepublik vor - verlieren wir aber in Deutschland zwei Prozent der Landfläche allein für die Energiegewinnung, welche in großem Masse auch für die fortschreitende individuelle elektrische Mobilität verwendet werden soll. Die Landnahme für Grüne-Wiese-Projekte jedweder Industrie ist noch hinzuzählen.

So kaufen wir - als Gesellschaft und jeder für sich - also nicht nur die Felder der Atacama-Wüste, die Wasserrinnen in den Dongas in Südafrika. Oder die Barrancas in

Ecuador. Wir nehmen nicht nur die Überschwemmungen in Missouri, die Staubstürme der tasmanischen See, Erdrutsche in Italien und in China in Kauf. Sondern auch Stürme und katastrophale Überschwemmungen in Europa und mitten in Deutschland wie 2021 in der Eifel. Wir kaufen schlicht den Klimawandel. Und uns selbst kaufen wir unseren eigenen Boden ab.

> *Der Flächenverbrauch in Deutschland beträgt in Deutschland seit Anfang der 90er Jahre ca. 11.000 km². Das ist ein Anstieg um 28%. Und entspricht ca. 860.000 Fußballfeldern oder der 12-fachen Größe Berlins. Die Entwicklung des Bevölkerungswachstums beträgt im gleichen Zeitraum nur etwa 3%.[3]*

Man könnte auch sagen: Wir sägen beständig an dem Ast, auf dem wir sitzen.

Und es sieht nicht so aus, als würde man dem Treiben Einhalt gebieten können. Wir prahlen mit unserem nachhaltigen Wirtschaftswachstum, mit unseren Steuereinnahmen und dem überbordenden Sozial-

---

[3] vgl. Daten des statistischen Bundesamtes

staat, als seien sie nicht nur Zufälle über-
hitzter Konjunktur und geschickt gelenkter
Ausbeutung und dabei neue Bakterien für
weiteres Klimafieber. Wir verschiffen Wa-
genladungen von Autos, Maschinen,
Schweinefleisch und Bier nach Übersee, auf
Kosten eben solcher Waggonladungen von
Bodendecke, die im Nirwana versinkt. Wir
erhöhen die Steuerlasten und die National-
schuld (auch in Form von so genannten Ret-
tungsfonds, Eurobonds und Schattenhaus-
halten), um den Bevölkerungszuwachs über
das Mittelmeer zu füttern und den Konsum-
rausch der Europäer zu finanzieren. Dabei
schädigen wir bei diesem Prozess Tag für
Tag unser aller Land, verletzten es so stark,
dass wir mindestens Billionen Euro und
viele Menschenleben brauchen werden,
um es wieder zu heilen. Zur ursprünglichen
natürlichen Ertragskraft zurückzubringen.

Korrupte Staatspräsidenten und Groß-
grundbesitzer in Afrika oder im Nahen Os-
ten kaufen sich im Tauschgeschäft aber nun
unsere exklusiven inzwischen elektrifizier-
ten Automobile und andere Errungenschaften der deutschen Ingenieurskunst, während das Volk, die Landbevölkerung und die
Ansammlungen von Prekariat in den Slums

des schwarzen Kontinents in panischer Angst darauf hoffen von irgendwelchen dubiosen Schleppern auf ihrer Reise über das Meer ein neues Paradies zu erreichen. Einige davon wollen wir gnädiger Weise aus humanitären Gründen aufnehmen, ohne den Grundzustand des Übels zu beseitigen.

Wäre der Parasit der europäischen, der westlichen Entwicklung nicht imstande gewesen seinen Rüssel tief in die Blutbahn neuer, fremder Länder zu senken, so wäre die Geschichte der Welt gewiss anders verlaufen. Eine enorm starke Bevölkerung, die zudem inzwischen besonders verweichlicht und luxusorientiert ist, immer noch mit schwerer Industrie, die allerdings aus Umweltgründen lieber immer mehr in arme Länder ausgelagert wird, mit extrem hohem sozialem und gleichzeitig hohem wirtschaftlichen Druck hätte sich nicht zu diesem furchtbaren Karbunkel entwickeln können, dass nun in der neuen Völkerwanderung und am Ende vielleicht in einem neuen und letzten Kriegsgefecht der Welten enden und den ganzen Organismus der Welt zerreißen könnte.

Frankensteins Ungeheuer, es lebt. Ist es schon so groß gewachsen, dass es unkontrollierbar geworden ist? Ist es allein das Monster der Deregulierung, von Habgier und weltumspannender Selbstsucht? Oder ist es auch ein Artefakt, ein Ding, ein Wesen halb Mensch halb Maschine? Das Ergebnis von mathematischen Formeln, Elektrizität, von Hard- und Software? Auf die Politik keinen Einfluss mehr haben kann?

Der über einen Rechts- oder Linksruck oder insgesamt ob des Weltendilemmas bestürzte deutsche Politiker christlicher, sozialdemokratischer oder grüner Provenienz, die Neoliberalen, die versuchen, an den feindseligen Attacken der Sozialisten und Kommunisten vorbei zu schlüpfen, die afrikanische, die iranische, die syrische Mutter, die um ihre Kinder trauert, Alis Brüder, die nun flüchten müssen, aber auch die sogenannten Gutmenschen, die meinen die Fehler des Systems mit Barmherzigkeit korrigieren zu können, selbst die radikal grünen Weltenretter der NGO´s sind in diesem Sinne Opfer dieser unkontrollierten Überfütterung des westlichen homo consumicus, der so genannten sozialen Marktwirtschaften Europas und der konsumorientierten Welt.

Die Geschehnisse der Weltgeschichte sind von nie endender Faszination. Aber auch erschreckend. Manchmal wünscht man sich, Kolumbus hätte Amerika nie entdeckt, in Texas wäre niemals Öl, an der deutschen Ruhr niemals Kohle zu Tage getreten, Otto Hahn hätte Medizin studiert und Robert Koch Physik. Bill Gates Garage wäre abgebrannt und Steve Jobs wäre nie geboren. Es gäbe kein Palästina-Problem. Wir wären noch keine acht Milliarden, die den Planeten überbevölkern. Keine Vereinten Nationen und keine NGO´s. Keine Globale Transportgesellschaft. Keine Völkerwanderung. – Phantastisch?

Natürlich, aber Fantasien, die berechtigt sind, wenn sie helfen, eine Brücke des Verständnisses zwischen den neueren - jetzt alternden - Ländern und den immer zahlreicher werdenden hungrigen Mägen zu schlagen. Und man könnte der Fährnis der Klimakatastrophe gelassener begegnen.

(II) – Die Verschwendung der Arten

Eine weitere natürliche Hilfsquelle neben dem Boden über die zu reden ist, ist unser Wildbestand und sein angestammtes Revier.

Die gesamte Menschheit erstarrt in Ehrfurcht und Erstaunen vor den Weltwundern der Natur und der Geschöpfe, die sie im Stande ist hervorzubringen. Wir besteigen Flugzeuge und Kreuzfahrtschiffe, um in entfernte Gegenden zu reisen und dort neben berauschender Natur auch abschmelzende Eismassen und sich noch darin tummelnde Eisbären zu bestaunen und Wale, die aus den Tiefen an die Oberfläche kommen, um Luft zu holen. Wir kämpfen auf den Hochhausdächern unserer dicht bebauten Siedlungen um das Leben der Bienen und anderer Insekten. Und bilden uns ein, dass begrünte Dächer Boden ersetzen. Wir wählen den Vogel zum Vogel des Jahres, der als nächster das Tableau der lebenden Arten verlassen wird. 2021 war es der Wiedehopf.

Wir sind weiter dabei, das sechste Massenartensterben in der jüngeren Erdgeschichte anzufachen: Bestäubende Insekten verschwinden und mit ihnen die Vögel über Feldern und Wiesen, in den Weltmeeren brechen Fischbestände zusammen, eine Million Tier- und Pflanzenarten sind laut Weltbiodiversitätsrat vom Aussterben bedroht. Doch der Verlust der biologischen Vielfalt kommt in den Wahlkämpfen dieser Epoche nahezu gar nicht vor. Es gibt keine Soforthilfen und auch keine Sondersendungen. Dabei wird überdeutlich, dass sich jetzt entscheidet, ob wir künftig in unserem gewohnten Umfeld weiterleben können – oder auf einem Planeten, der in einen Zustand übergeht, der für uns Menschen feindlich und völlig unberechenbar wird. Wir haben es vielleicht noch in der Hand.

Hitzesommer und Flutkatastrophen lehren uns: Auf kühlendes Stadtgrün und wasserspeichernde Wälder können wir nicht verzichten. Und die Corona-Pandemie zeigt: Schädigen wir unsere Ökosysteme, kann jeder Wildtiermarkt, jede gerodete Fläche Tropenwald das Einfallstor einer nächsten Zoonose, einer nächsten Pandemie sein. Es ist ein Hauptauftrag der nächsten Bundesregierung, die Natur- und die Klimakrise beherzt und zeitgleich anzupacken.

Die Liebe für die freie Natur ist uns allen irgendwie erhalten geblieben. Wir staunen täglich und immer noch über die vielen Beobachter und Literaten, die uns in Büchern, neuerdings in TV-Serien und Podcasts beindruckend die Welt unserer Wälder, unserer Küsten, unserer Fauna und Flora erklären. Dabei scheint uns die Betrachtung der dargebotenen Dokumentationen auszureichen. Denn wir fahren fort damit, diesen immensen Reichtum der Natur zu vernachlässigen, zu beleidigen und immer weiter zu zerstören.

Das Surren von Insekten sowie der Gesang von Feldvögeln ist in Deutschland mittlerweile selten geworden. Mancher der Generation Babyboomer erinnert sich sicherlich noch an Schwebefliegen und Spitzmäuse in des Vaters Garten. An wilde Bienen, an Rebhühner, Kiebitze und am Himmel fliegende und trällernde Lerchen über den Feldern und Wiesen. Sogar mitten im Ruhrgebiet mit intensiv genutzten Agrarflächen der 1960er und 70er Jahre.

Laut Bonner Rote-Liste-Zentrum ist ein Viertel der hiesigen Pflanzen-, Pilz- und Tierarten in seinem Bestand gefährdet. Zweieinhalb Prozent gelten bereits als verschollen oder ausgestorben. Die Zahl der Insekten ist sogar um 70 bis 80 Prozent zurückgegangen.

Bei den Säugetieren ist hierzulande knapp ein Drittel gefährdet. Darunter sind der Luchs, der Feldhase, die Alpenspitzmaus, der Schweinswal oder auch der inzwischen fast ausgerottete Feldhamster, der in den 50er Jahren flächendeckend noch unglaublich zahlreich überall vertreten war[4] und als Schädling galt.

Offensichtlich befinden wir uns in einem weiteren historischen Massenaussterben. Zur Einordnung: Das letzte Massenaussterben war vor etwa 65 Millionen Jahren, als unter anderem die Dinosaurier verschwunden sind. Das nächste Massenaussterben ist jedoch keines, welches durch galaktische Hand ausgelöst, sondern von Menschenhand selbst gemacht sein wird. Experten ge-

---

[4] BR 24 7.6.2021

hen davon aus, dass von den sechs Millionen Tierarten weltweit bis zum Ende dieses Jahrhunderts eine Million ausgestorben sein könnte. Und das Tempo nimmt immer weiter zu.

Überall beginnen wir mit Versuchen, das Land zu heilen. Aber es ist nicht annähernd genug. Die Anstrengungen unserer Forstverwaltungen, unserer Gartenbauämter, unserer Wildschutz- und Fischereibehörden und unserer Nationalparkverwaltungen sind zwar ehrenhaft und bewundernswert, aber absolut unzulänglich. Sie sind doch nur die Alibis einer degenerierten Industrie- und Konsumentengesellschaft. Universitäten und ökologische Institute jeder Art führen beständig Forschungen durch und belegen den vom Menschen gemachten Wahnsinn.

In den politischen Kommissionen jedoch, welche letzten Endes über die Artenvielfalt entscheiden und damit über unsere zukünftige Lebensqualität, aalen sich zu viele politische Liebesdiener, Kofferträger und eine Heerschar unbefugter Lobbyisten. Private Organisationen sind in ihren Mitteln derartig kläglich beschränkt, dass ihre Arbeit

über eine nicht hinreichend kritische Wertschätzung nicht hinauskommt.

(III) Verschwendung von Geld …

Die ganze Welt ist übergewichtig und leidet an einer Fettleber. Nicht nur viele der darauf lebenden Individuen. Vor allem in den sogenannten zivilisierten Ländern ist der Kampf gegen das Übergewicht einerseits eine mondäne Life-Style-Disziplin, andererseits fällt es dem gesamten Kollektiv aber schwer irgendwelche Abstriche zu machen. Weder beim Fleischkonsum noch beim Wohnraum oder beim Handygebrauch. Schon gar nicht beim Einkommen.

Alle Schichten und Subkulturen haben sich an die Wachstumsorgie der letzten Jahrzehnte gewöhnt und genießen den Luxus. An die Trauben, die in Münder wachsen und an die gebratenen Täubchen, die hineinfliegen. Ein rauschhafter Zustand ist eingetreten.

Es ist aber eine Täuschung zu glauben das zeitgenössische körperliche und mentale Übergewicht der Menschen in den Industriestaaten würde zu Lasten von Zig-Millionen Hungertoten in anderen Kontinenten erkauft wie es uns mancher Werbefilm glauben machen will. Zu Ende des 19ten

Jahrhunderts starben weltweit fast 10 Millionen und in den 1940er Jahren etwa 18,6 Millionen Menschen an Hunger. Der Zweite Weltkrieg löste in dieser Zeit mehrere große Hungerkrisen in Europa und Asien aus. Auch die 1960er Jahre verzeichneten hohe Todeszahlen. Insgesamt starben in diesem Jahrzehnt 16,6 Millionen Menschen an den Folgen von Hunger und Unterernährung. Seit den 1970er Jahren sind ist die Zahl der Todesopfer von Hungersnöten signifikant zurückgegangen und liegen seitdem trotz erheblichem Weltbevölkerungswachstum durchschnittlich nun nur noch bei ca. 200 tausend pro Jahr. Was jedoch seit einigen Jahren auch beobachtet werden kann ist, dass trotz aller Fortschritte der vielfach gescholtenen Agrarchemie und -technologie die Produktivität des Bodens stagniert. Seit dem Beginn der 2010er Jahre ist der Ertrag je Hektar Anbaufläche der wichtigsten Getreidearten (Mais, Reis, Weizen und Gerste) weltweit quasi nicht mehr gewachsen. Es wird also für jeden neuen Erdenbewohner allein aus Gründen der Ernährungsfrage weiterer Boden urbar gemacht werden müssen.

Vulgo wartet der Kater der Ernüchterung schon an jeder Ecke und demzufolge fürchten wir seine Attacke. So geht es erst mal weiter mit dem weiteren Aufblasen der Blase: Schuldenmachen. Öffentlich wie privat. Nur in diesem Rausch lässt es sich noch aushalten und nur so bleibt die dynamische Wirtschaftswachstums-Gesellschaft in der Verzahnung mit den Errungenschaften der sozial-demokratischen Umverteilungs-Gesellschaft funktionsfähig.

Steht irgendwo eine Herausforderung oder ein Wunsch an, sei es ein neuer Kreißsaal, ein Kindergarten, eine neue Turnhalle, ein neues Theater, die Integrationsstätte, die moderne Ausstattung einer Schule und vor allem die Universität in der unbedeutenden Provinzstadt ist er da: Der Ruf nach Geld. Und immer noch mehr Geld.

Ohne einen ständig anschwellenden Geldstrom, an dem sich alle und jeder bedienen kann, geht nichts mehr. Und dies bedingt immer weiteres, ungezügeltes Wachstum zu Lasten der Luft, des Wassers und der Böden. Der Böden überall auf der Welt. Um die verbleidenden Ressourcen, auch um die

Rohstoffe, Energieressourcen, die Nahrungsmittel streitet die immer noch stetig wachsende Weltbevölkerung. Die Nachfrage übersteigt inzwischen das Angebot deutlich. Die Preise werden steigen. Inflation, daraus resultierende Existenzangst und Aggression könnten folgen. Denn keine weiteren materiellen Zugewinne mehr zu erzielen, fällt mindestens 98% der Bevölkerung schwer. Verlust zu erleiden, Verlust jedweder Art - und sei er noch so unbedeutend - ist schlichtweg für die Masse unvorstellbar. Das schließt den Verlust des eigenen endlichen Lebens ein. Denn viele träumen vom ewigen Leben. Von Jungbrunnen. Bis zum nächsten Krieg. Der nächsten großen Hungersnot.

Die Aufwendungen für die Eindämmung bereits eingetretener Umweltschäden (siehe hierzulande Oderhochwasser, Eifelhochwasser) schlagen zusätzlich zwar schon heute verschleiert zu Buche, werden aber achselzuckend hingenommen. Bei der ersten etwas größeren Umwelthavarie werden die Kosten allerdings explodieren und an den Geldbeuteln der Bürger nagen. Hinzu kommen schon heute die Kosten eines pandemischen Notstandes einer zu eng miteinander verwobenen „multilateralen", d.h. global vernetzten Weltbürgergesellschaft.

Wer den resultierenden Kraftkraftschwund ausgleichen wird? Diese Frage ist offen. Aber wahrscheinlich niemand. Der Aufschrei der Masse der „freiheitlichen" Gesellschaft in Europa scheint programmiert. Die Politik möchte den Aufschrei aber lieber nicht hören und vor allem wieder gewählt werden. Deshalb soll es weiter gehen mit der Geldüberflutung und mit der menschengemachten Erosion und Ausbeutung der eigenen und der fremden Böden. Auch die sozialistisch ausgerichtete Weltkirche gesellt sich dem Ansinnen hinzu und fordert Impfstoffe für alle und sofort sowie umfassende Bescheidenheit ein.

Obwohl eine Reihe von Optimisten, die an die Macht des vom Menschen Machbaren glauben noch lange versuchen werden uns vom Gegenteil zu überzeugen: fest steht also wohl, dass Wohlstand nicht bleibt, wie er ist und muss zukünftig wohl anders definiert werden.

(IV) Der Weg zurück

Unser Reichtum und das Fortbestehen der Kulturen und Menschheit insgesamt hängt davon ab, wie wir mit dem gegebenen Boden, mit der darauf sich befindenden Natur und den sich daraus ergebenden weiteren Rohstoffen umgehen.

Heute geben wir zwar viele Milliarden Dollars, Euros, Bitcoins usw. dafür aus Armeen, Flotten oder Satellitensysteme zu unterhalten, Grenzschutz zu gewährleisten, um uns gegen Angriffe aller Art von außerhalb zu wappnen. Aber wir nehmen nur wenige Anstrengungen vor, um uns gegen die zahlreichen Angriffe aller Art zu schützen, die innerhalb unserer globalen Grenzen immer weiter gehen, weil die Gier und die Habsucht als Teil des ökonomischen Gesamt-Systems gesellschaftsfähig geworden sind und die wenigen Mittel zu zum Fortbestand unserer europäischen Wertegemeinschaft, auch in ihren Regionen bedrohen.

Die Torheit unserer Überflusspolitik - wird noch augenfälliger, wenn wir endlich einsehen, dass eine vernünftige und nachhaltige

Nutzung unserer knappen Landfläche tatsächlich unser europäisches und unser nationales Einkommen erhöhen kann.

Denn wenn die Flächen in gutem Zustand sind und bleiben, wenn sie wirklich intelligent und klug genutzt werden, kann pro Hektar Fläche mehr Ertrag durch viel geringeren Aufwand erzielt werden. Was und wem nützt es zum Beispiel eigentlich eine Brauerei auf eine Weidefläche zu bauen, wenn anderorts bereits Brauereien existieren, die nicht wissen, wohin sie ihre Bierbrauerei-Kapazitäten verkaufen sollen? Und was und wem nützt es nachhaltig, wenn die Fläche des persönlichen Wohnraums pro Person immer weiter ansteigt, nur weil die Familien immer mehr auseinandergerissen werden und Gleichstellung und Mobilität die stärksten Treiber unserer Wirtschaft bleiben sollen?

Die Frage, die letztlich bleibt, ist: wo kann die Beschränkungsökonomie vernünftigerweise ohne große individuelle Einschnitte ansetzen? Wie können wir die epochalen Hürden von tradierten Anreiz- und Verteilungsmechanismen überwinden?

Was sich ändern könnte:

Mehr Raum für die Natur: kein weiterer Flächenverbrauch und Renaturierungs-Programme, Begrünungen. Schutz für Schutzgebiete. Pakt für aktiven Artenschutz.

Verbesserte Flächenproduktivität jedweder Industrie.

Die etwas andere Kreislaufwirtschaft: Verbrauch von Gegenständen bis zum Ende des Lebenszyklus. Reparatur statt Entsorgung. Verzicht auf erdölbasierte Produkte - insbesondere Verpackungsmaterial.

Werbeverbote für Konsum- und Lifestyle-güter. No „Fast Fashion".

Aufwertung von Arbeit: bessere und sinngebende Organisation des Arbeitslebens. In Würde und mit Arbeit altern.

Evolution des Kulturbegriffs: Zeit ist mehr Geld.

Neue Bescheidenheit: Verzicht auf materiellen Zugewinn in allen Bereichen und auf allen Ebenen des persönlichen Konsums. Reisen eingeschlossen.

Verantwortung der Gesellschaft: Gemeinsame Sinnsuche. Stärkere Entfaltung des Gemeinsinns.

Zukunftsorientierte und nachhaltige Landwirtschaft: Die steht für unbelastete und fruchtbare Böden, sauberes Wasser und intakte Ökosysteme. Reduktion von Pestiziden und grünlandbasierte Viehhaltung.

Stärkung des Waldes und der Forstwirtschaft: Ausweisung von Naturwäldern. Verbot der Holzverbrennung.

Neue Mobilitätsidee: weniger Kilometer pro Kopf sind mehr.

Bewusstseinswandel: Weniger Gier. Beendung des Turbokapitalismus. Politik, Verwaltung, Bildungsbereich und Unternehmer in der Führungsrolle.

Inspirationen:

Frank Schirrmacher: „EGO";
William Voigt: „Die Erde rächt sich";
Meinhard Miegel: „Exit";
Steffen Noleppa/Matti Cartsburg: „Das
große Wegschmeißen"

Daten:

statista.com

© Echtwerk-Verlag, Bayreuth

www.echtwerk.de

Alle Rechte vorbehalten

Fotos: Hubert Koths

1. private Auflage (10 Ex.) Dezember 2017
2. überarbeitete Auflage Januar 2022

Herstellung und Verlag: BoD – Books on Demand, Norderstedt

ISBN: 9783755779834

FSC
www.fsc.org

MIX

Papier aus ver-
antwortungsvollen
Quellen
Paper from
responsible sources

FSC® C105338